DE LA RÉFORME

DU

RÉGIME HYPOTHÉCAIRE,

PAR M. DE COURDEMANCHE.

(EXTRAIT DE LA REVUE ENCYCLOPÉDIQUE. NOVEMBRE 1832).

PARIS,

AU BUREAU DE LA REVUE ENCYCLOPÉDIQUE,

RUE DES SAINTS-PÈRES, N° 26.

1832.

PROJET DE LOI SUR LE RÉGIME HYPOTHÉCAIRE.

EXPOSÉ DES MOTIFS.

De la nécessité de simplifier la forme des transactions relatives aux immeubles.

Depuis long-tems tous les bons esprits sont frappés des vices qui se sont révélés dans l'application de notre système hypothécaire actuel.

Parmi les nombreuses imperfections de cette législation, il suffit de signaler les plus saillantes :

Les immeubles pouvant être grevés par des charges connues et inconnues des prêteurs et des acquéreurs, ceux-ci ne traitent jamais avec une entière sécurité. Même après avoir rempli toutes les formalités que la loi a prescrites, ils craignent encore, et non sans motifs, de perdre les sommes qu'ils ont avancées ou d'être dépossédés.

D'un autre côté, comme les propriétés foncières peuvent être grevées indéfiniment par des hypothèques générales, telles que les hypothèques légales et les hypothèques judiciaires, qui presque toujours ont pour objet de conserver des sommes bien supérieures à la valeur des biens sur lesquels elles sont assises, il en résulte qu'à chaque mutation de biens grevés par ces hypothèques, il y a lieu de remplir une foule de formalités qui ne sont nécessitées que par la présence de créanciers qui, le plus souvent, ne doivent pas être payés sur les biens qu'ils grèvent. Enfin des droits d'enregistrement très-élevés, et des formes judiciaires dispendieuses nécessitées par les moindres circonstances, rendent la position des propriétaires fonciers tellement difficile, qu'ils sont souvent obligés d'accepter les plus dures conditions dans les diverses transactions qu'ils sont dans le cas de réaliser.

Les vices de notre système hypothécaire sont tels qu'on ne trouve qu'avec beaucoup de difficulté à emprunter sur hypothèque, et même à vendre des immeubles (1).

Pendant la crise commerciale que nous subissons maintenant, des négocians ont peut-être été obligés de cesser leurs paiemens faute d'avoir pu réaliser leurs propriétés immobilières, ou parce qu'ils n'avaient pu les faire accepter en garantie de prêts hypothécaires.

C'est surtout dans les tems de crise que les vices des lois se révèlent.

Maintenant que des améliorations favorables à l'agriculture et au commerce sont réclamées avec instance, il y a lieu d'adopter des dispositions propres à faciliter les mutations et les affectations de propriétés immobilières.

Bases du projet.

Pour que les transactions relatives aux immeubles soient rendues très-faciles, le projet doit résoudre les trois problèmes suivans :

Assurer la publicité de tous les droits réels qui peuvent grever les immeubles, tout en protégeant les intérêts des mineurs et des femmes;

Faire que les immeubles ne soient jamais grevés de charges indéterminées ou supérieures à leur valeur, et cependant ne pas nuire à la liberté des transactions ;

Créer un impôt qui remplace les droits auxquels sont assujétis les actes volontaires ou judiciaires relatifs aux immeubles, pour que ces actes puissent être libres de tous les droits qui les entravent.

------

(1) Les vices du régime hypothécaire actuel ont été développés dans un ouvrage ayant pour titre. *Du danger de prêter sur hypothèques et d'acquérir des immeubles*, par A. Decourdemanche; Paris, chez madame veuve Béchet, quai des Augustins, n° 57 bis.

Voici par quelles voies et moyens le projet obtient ces divers résultats.

Les propriétés immobilières pourraient à l'avenir être immatriculées sur les registres du cadastre dans les formes prescrites par le projet.

Les immeubles immatriculés ne pourraient être affectés qu'à des hypothèques conventionnelles, ou à des droits réels déterminés par des conventions spéciales.

Ils ne pourraient être affectés au paiement de sommes indéterminées.

Les droits des mineurs et des femmes mariées seraient garantis par des dispositions nouvelles.

Tous les immeubles sans distinction subiraient une augmentation de contribution foncière, au moyen de laquelle ils pourraient être vendus à l'amiable ou en justice, loués et affectés à des droits réels, sans donner lieu à aucun droit d'enregistrement.

Des conservateurs spéciaux du cadastre seraient chargés d'immatriculer sur les registres du cadastre les immeubles qui auraient été purgés des priviléges et droits réels du passé, et de constater les mutations de ces immeubles.

Les immeubles non purgés d'après les règles prescrites par le projet, et non immatriculés sur les registres du cadastre, continueraient d'être soumis au régime hypothécaire actuel.

Voici par quelles dispositions les droits des mineurs et des femmes seraient conservés.

Les débiteurs de deniers pupillaires ou de deniers dotaux ne pourraient à l'avenir se libérer valablement qu'en consignant les sommes par eux dues.

Les tuteurs et les maris se borneraient à faire les diligences nécessaires pour provoquer le paiement des créances dues à leurs mineurs ou à leurs épouses mariées sous le régime dotal.

Chaque année les conseils de famille fixeraient les sommes que les tuteurs et les maris auraient droit de toucher, et ils détermineraient l'emploi du surplus.

A défaut d'emploi dans l'année, les sommes déposées seraient converties en rente de la manière prescrite par le projet.

Les femmes mariées ne pourraient contracter d'obligations, même mobilières, dans l'intérêt de leurs maris, ou conjointement avec leurs maris, que par actes passés devant notaire ; et ces obligations ne pourraient s'exécuter sur leurs biens dotaux, même après la dissolution du mariage.

Quelques explications sont nécessaires pour justifier ces diverses dispositions législatives.

Justification des bases proposées.

De tout tems on a senti la nécessité de dissiper les obstacles qui s'opposaient à la facile réalisation des transactions relatives aux immeubles.

Les diverses législations qui se sont succédées sur cette matière ont toujours tendu vers le but que nous indiquons.

Sous l'ancien droit, il y avait tant d'obstacles aux aliénations que les biens étaient comme inféodés entre les mains d'un petit nombre de familles et de corps privilégiés.

Il y avait des corporations de main-morte qui avaient le droit d'acquérir sans jamais pouvoir vendre ; ces corporations ont été abolies.

Un propriétaire pouvait léguer ses biens sous la condition qu'ils seraient inaliénables pendant plusieurs générations : c'est ce qu'on appelait léguer par *substitution*.

Les substitutions ont été abolies, même au préjudice des générations au profit desquelles elles avaient été stipulées, tant il a paru important pour l'état que les biens qui en étaient l'objet rentrassent dans la circulation.

Maintenant la majeure partie des immeubles peuvent être aliénés, mais ils ne peuvent être vendus ou affectés qu'avec peu de sécurité pour les tiers, et en remplissant des formes lentes, compliquées et dispendieuses.

Il est dans l'intérêt pressant des propriétaires que ces formes soient rendues plus promptes, plus simples, et moins onéreuses, et que les formes nouvelles offrent les garanties les plus positives aux prêteurs et aux acquéreurs. Tel est le but que nous croyons avoir atteint par le projet.

Depuis long-tems on est convaincu que les acquéreurs et les prêteurs sur hypothèques n'auront de sécurité que lorsque toutes les charges qui peuvent grever un immeuble seront, sans exception, rendues publiques par la voie de l'inscription. C'est pourquoi nous n'avons pas hésité à prescrire cette publicité. Mais il ne suffisait pas de rendre publics tous les droits réels qui peuvent grever des immeubles ; il fallait encore faire en sorte que les immeubles ne fussent jamais grevés de charges supérieures à leur valeur.

On obtient ce résultat en stipulant que les immeubles soumis à la nouvelle législation ne pourront être affectés qu'à des hypothèques conventionnelles, et non pas à des hypothèques légales ou judiciaires.

On peut s'en remettre à l'intérêt privé du soin de discerner le rapport qui existe entre la valeur d'un immeuble désigné et les charges qui le grèvent.

Les prêteurs sur hypothèques conventionnelles ne manqueront pas de laisser toujours une certaine marge entre les sommes prêtées par eux et la valeur des biens qui leur seront affectés.

Pour admettre qu'à l'avenir les immeubles ne pourront être grevés que par des hypothèques conventionnelles, il faut qu'il soit démontré : 1º que les droits des mineurs et des femmes sont suffisamment garantis par les dispositions nouvelles contenues dans le projet ;

2º Que les hypothèques judiciaires peuvent être supprimées sans inconvénient.

Maintenant lorsqu'un tuteur ou un mari possède des immeubles, tous ses biens sont frappés d'une hypothèque légale ; et lorsque cette hypothèque est inscrite, il ne peut rien aliéner.

Au contraire, lorsqu'un tuteur ou un mari ne possède rien, la loi le laisse libre de toucher tous les capitaux qui peuvent appartenir à son mineur ou à son épouse, sans prendre aucune mesure de garantie contre lui.

Cet état de la législation offre surtout des inconvéniens à l'égard des mineurs. Les citoyens qui possèdent des immeubles ne veulent pas accepter de tutelles : il en résulte que les fonctions de tuteur sont abandonnées à des hommes insolvables qui dissipent presque toujours la fortune de leurs pupilles.

La consignation des deniers pupillaires et des deniers dotaux, ainsi qu'elle est prescrite par le projet, nous paraît obvier à tous ces inconvéniens. Au moyen de la consignation de ces deniers, les hypothèques légales n'ont plus d'objet, puisque les tuteurs et les maris ne sont plus comptables d'aucuns capitaux.

Cette mesure a en outre l'avantage de protéger les mineurs et les femmes contre la mauvaise gestion des tuteurs et des maris qui n'ont point d'immeubles, et ceux-là sont les plus nombreux.

En Hollande et dans toute l'Allemagne, il existe des chambres de tutelle qui ont à peu près les mêmes attributions que celles que nous voudrions déférer aux conseils de famille et au trésor public.

L'article 2135 du Code civil confère à la femme une hypothèque légale sur les biens de son mari pour indemnité des dettes qu'elle a contractées avec lui. L'intérêt de la femme, dans cette circonstance, ne nous a pas paru assez puissant pour maintenir son hypothèque légale pour cette seule hypothèse. Comme elle est libre de contracter toutes espèces d'obligations avec l'autorisation de son mari, au profit de tiers, nous avons pensé que, pour le cas d'obligations souscrites par elle dans l'intérêt de son mari ou solidairement avec son mari, il suffisait d'exiger que les obligations fussent passées devant notaire, et de leur refuser effet sur les biens dotaux.

Par suite de cette disposition un mari hésitera davantage à faire contracter des obligations à sa femme, et telle femme qui n'eût point osé refuser sa signature dans le domicile conjugal se sentira plus forte devant un officier public.

Il reste une observation à faire spécialement à l'égard des femmes mariées sous le régime de la communauté.

Il n'y a nul inconvénient à laisser au mari le droit de toucher les deniers appartenant à sa femme, sans l'obliger à en faire emploi, si celle-ci y consent ; car, dans l'état actuel de la législation, le mari a le droit de toucher les capitaux appartenant à sa femme, sans le consentement de cette dernière. Ce n'est que lorsque le mari vend un immeuble grevé de l'hypothèque légale de sa femme, par suite de ce qu'il a touché pour elle, qu'il a besoin du consentement de celle-ci pour en toucher le prix ; et encore, si elle ne consent pas, il peut faire ouvrir un ordre sur ce prix, et toucher le bordereau de collocation qui pourra être délivré à sa femme ; car, pendant le mariage, le mari a la libre disposition de ce qui revient à la femme mariée sous le régime de la communauté.

Au lieu de maintenir tous ces circuits sans objet, nous avons cru qu'il convenait mieux de ne laisser le mari toucher les capitaux appartenant à sa femme que lorsqu'elle y consent ; et lorsqu'elle y a consenti, nous ne voyons aucun motif d'entraver la disposition de ces capitaux dans la main du mari.

C'est ainsi que toutes les difficultés relatives aux hypothèques légales se trouvent résolues de manière à concilier les divers intérêts.

Les dispositions du projet relatives aux hypothèques judiciaires doivent être sérieusement examinées.

En réfléchissant à cette matière on s'étonne qu'une simple obligation sous seing privé puisse, par l'effet d'un jugement que le créancier est maître de prendre, donner lieu à une hypothèque beaucoup plus large que celle qui est le résultat d'une convention.

Les biens d'un débiteur sont le gage commun de ses créanciers chirographaires, qui s'en distribuent le prix par contribution, quelle que soit la date de leur créance.

Est-il juste que l'un de ces créanciers, peut-être celui dont la créance est la plus nouvelle, puisse se créer à lui-même un titre qui le fasse sortir de la ligne des autres créanciers dont il devait partager le sort ; qu'il puisse, en déployant plus de rigueur contre le débiteur commun, s'attribuer à lui seul tout ce que ce dernier possède, et ne laisser rien ou presque rien aux autres créanciers.

L'hypothèque judiciaire n'est-elle pas une espèce de prime accordée à celui qui, ne consultant que son intérêt, a, le premier, renversé le crédit du débiteur, souvent au préjudice de créanciers qui sont peut-être les plus anciens, mais dont les titres peuvent ne pas encore être échus, ou qui, mus par des sentimens généreux, ont consenti à lui accorder des facilités pour sa libération ?

Des débiteurs ont peut-être dû leur ruine à la nécessité où ils ont été de donner tout ce qu'ils possédaient à un créancier d'hypothèque judiciaire, et presque rien à leurs créanciers chirographaires. Sans l'hypothèque judiciaire, ils eussent pu faire des emprunts, et en répartir le produit entre leurs créanciers : avec l'hypothèque judiciaire, ils ont perdu tout moyen de libération progressive ; ils ont été de suite précipités dans l'état de faillite ou de déconfiture.

Le seul droit qui puisse être concédé justement à un créancier porteur d'un jugement, c'est le droit de faire obstacle à ce que le débiteur ne puisse consentir à son préjudice aucune hypothèque ou aliénation.

Dans l'économie du projet, un créancier porteur d'un jugement a deux moyens d'obtenir ce résultat. Il peut, ou mettre le débiteur en état de faillite ou de déconfiture, ou requérir la vente forcée de ses biens, sans le mettre en faillite ou en déconfiture ; et dans ces deux cas, aux termes des articles 39 et 95, il ne peut être pris aucune inscription sur les immeubles du débiteur.

Si l'on objecte que, pendant l'accomplissement de ces formalités, le débiteur pourra vendre ou hypothéquer ses biens, nous répondrons que maintenant rien n'empêche un débiteur de pratiquer la même fraude pendant qu'on obtient un jugement contre lui.

Et nous ajouterons que dans l'économie du projet rien ne s'oppose à ce qu'un même jugement, en prononçant une condamnation, déclare la faillite ou la déconfiture du débiteur, ou ordonne seulement la vente forcée de ses biens.

On peut donc supprimer les hypothèques judiciaires.

Les dispositions législatives que nous avons indiquées ne produiraient pas tous les résultats qu'on doit en attendre, si l'on maintenait les droits qui sont actuellement perçus lors des transactions relatives aux immeubles.

Spécialement, l'enregistrement des ventes d'immeubles est un impôt qui tôt ou tard eût dû subir une diminution notable.

Aux termes de la charte constitutionnelle, chacun doit contribuer aux charges de l'État proportionnellement à sa fortune. Celui qui vend n'est pas plus riche que celui qui ne vend pas; dès lors on ne voit pas pourquoi le premier supporte un surcroît d'impôt à titre d'enregistrement, tandis que le second ne paie rien. Pourquoi faire payer une somme quelconque à un individu par le seul motif qu'il vend son bien ?

Si la propriété immobilière doit payer un impôt plus fort que celui qu'elle supporte maintenant par la contribution foncière, il est juste de faire peser cet impôt sur tous les propriétaires, et non pas seulement sur ceux qui sont dans la nécessité de vendre.

Le trésor perçoit, chaque année, pour l'enregistrement des ventes d'immeubles, des baux d'immeubles, des prêts sur immeubles, de procès-verbaux d'ordre et de collocation ; pour droits d'hypothèque et de transcription, une somme de 71,379,443 fr.

Le principal de la contribution foncière est de 154,787,000 fr.

La contribution foncière, y compris les centimes additionnels, s'est élevée, pour l'année 1831, à 344,875,554 fr.

Si l'on répartit les 71,379,443 fr. ci-dessus entre tous les propriétaires fonciers, chacun aura à payer 46 centimes par franc du principal, ou 29 c. par fr. du montant total du principal et des centimes additionnels réunis, et par ce moyen il sera rédimé de tous droits d'enregistrement pour les actes à titre onéreux qu'il pourra passer au sujet de ses biens immeubles.

Supposons une propriété d'une valeur de 200,000 fr., produisant un revenu réel de 7,000 fr. nets d'impôt, et imposée à 750 fr., centimes additionnels compris.

S'il s'agissait de vendre cette propriété, elle donnerait lieu, pour l'enregistrement à raison de 6 fr. 5 c., à un droit de. . . . . 12,100 fr.

Pour le droit d'inscription du privilége du vendeur à raison de 1 fr. pour 1,000, à un droit de . 220
____

Cette propriété à chaque mutation donnerait donc lieu à une perception de 12,320

En ajoutant à sa contribution foncière, s'élevant à 750 fr., une somme annuelle de 29 c. par fr., c'est-à-dire 217 fr. 50 c., lesquels représentent un capital de 4,350

Le propriétaire de cet immeuble, s'il vient à vendre, se rédime de l'obligation de payer une somme de 12,320
____

Différence à son profit 7,970

Et il rédime en même tems ses successeurs des diverses sommes de 12,320 fr., que chacun eût été obligé de payer à chaque mutation ultérieure.

Nous omettons ici les divers droits que ce propriétaire eût encore été obligé de payer, s'il eût loué sa propriété par acte enregistré, s'il l'eût hypothéquée, si le prix en eût été distribué par voie d'ordre, tous droits dont il est exempt par la seule addition de 217 fr. 50 c. à son impôt foncier.

Si ce propriétaire ne veut ni vendre ni emprunter, ni louer

par acte enregistré, peut-être dira-t-il : Pour moi la mesure se résout en une augmentation d'impôt de 217 fr. 50 c.

D'abord nous doutons qu'il y ait en France beaucoup de propriétaires qui puissent être d'avance certains de n'avoir jamais à réaliser quelques-uns des contrats que nous venons d'indiquer.

Dans tous les cas, le propriétaire que nous avons présenté comme exemple verra la valeur vénale de son immeuble augmentée d'une somme capitale de 7,790 fr., ainsi que cela vient d'être démontré.

D'un autre côté, le capital de son immeuble s'accroîtra en raison de l'augmentation que la nouvelle législation aura procurée aux fonds voisins, en en rendant l'aliénation plus facile; et dès lors il n'est pas juste qu'il profite de cette autre cause d'augmentation sans rien payer.

Peut-être dira-t-on encore qu'il faut ménager la propriété foncière, et que, si on augmente sa contribution, l'on ne pourra lui faire subir une nouvelle augmentation en cas de guerre.

Quelle que soit la somme d'impôt dont on veuille grever la propriété foncière, la question sera toujours ramenée à ces termes : lequel vaut mieux de répartir la somme à payer entre tous les propriétaires, ou de ne la faire supporter que par ceux qui vendent ou hypothèquent leurs biens?

Qu'on se figure les réclamations qui se fussent élevées, si, en 1830, au lieu d'ajouter 30 c. à l'impôt foncier, on eût augmenté les droits d'enregistrement déjà si élevés; et alors on pourra se convaincre que tout impôt qui pèse sur la propriété foncière est plus justement perçu par la voie proportionnelle que par la voie indirecte et aveugle de l'enregistrement.

Cependant, si les propriétaires fonciers n'admettaient pas cette solution, qui est dans leur intérêt bien entendu, il y aurait au moins lieu, pour faciliter les emprunts par voie de vente à réméré, de déclarer dans la loi que, dans le cas de retour au vendeur d'un immeuble immatriculé au cadastre, le trésor restituerait les droits de vente, en ne conservant que les simples droits de prêt sur hypothèque.

Il convient de faire remarquer ici qu'à l'égard d'un immeuble immatriculé, la vente à réméré n'offrira pas les inconvéniens qu'elle présente aujourd'hui ; car ces immeubles seront très-faciles à réaliser, et l'on sait que ce sont les objets d'une liquidation difficile qu'il est dangereux de vendre à réméré. Il n'y aurait, par exemple, nul danger de vendre des lingots à réméré, parce que le vendeur aurait à l'échéance toutes sortes de moyens de se libérer, notamment en offrant les lingots en garantie à quiconque s'engagerait à en opérer le rachat à son profit.

Nous ne croyons pas nous faire illusion en espérant que, d'ici à peu de temps, il sera presque aussi facile d'emprunter sur des immeubles immatriculés au cadastre que sur des lingots.

Jusqu'ici le cadastre n'a eu qu'un but fiscal : une plus égale répartition de l'impôt foncier. Il nous a paru qu'on pouvait lui donner une utilité civile, en l'envisageant comme un moyen de constater l'identité des immeubles et leurs limites légales. C'est pourquoi le projet charge les conservateurs du cadastre d'immatriculer les immeubles sur leurs registres, et d'en constater les diverses mutations.

Par suite de cette division de travail, l'actif immobilier se trouvera constaté par les conservateurs du cadastre, et le passif par les conservateurs des hypothèques.

Voici comment les choses se passeront sous l'empire de la nouvelle législation :

Les propriétaires d'immeubles immatriculés au cadastre n'auront pas d'autres titres de propriété que ceux qui leur seront délivrés par le conservateur du cadastre, titres simples, dégagés de ces longs détails qui maintenant jettent tant d'obscurité dans les actes de vente, par la nécessité où l'on est d'établir l'origine des propriétés.

Un propriétaire aura autant de titres qu'il possédera de pièces de terre différentes (art. 29). Au lieu de donner en garantie d'un prêt toutes les parcelles composant un domaine, il hypothéquera seulement le nombre de pièces nécessaires à la sûreté du prêteur, et ses autres pièces demeureront libres.

Comme un immeuble ne pourra être grevé que par des hypothèques conventionnelles, le montant des hypothèques n'excédera presque jamais la valeur de cet immeuble. On peut se reposer à cet égard sur l'intérêt bien entendu des prêteurs.

Il n'y aura pour ainsi dire jamais lieu à ordre ; car chaque acquéreur pourra se libérer immédiatement en payant les créanciers dans l'ordre de leurs inscriptions, sans faire aucune notification, sans craindre de surenchère.

Les créanciers inscrits seront bien rarement dans le cas de requérir la vente forcée des biens qui leur auront été affectés : car la position du débiteur étant toujours claire et liquide, il lui sera bien facile de vendre à l'amiable ; et lorsqu'un débiteur peut vendre à l'amiable, il est bien rare qu'il se laisse exproprier. La vente forcée d'un immeuble n'aura probablement lieu qu'en cas de faillite ou de déconfiture du propriétaire; et encore, dans ce cas, les créanciers inscrits seront bien promptement satisfaits ; car leurs créances réunies ne devant presque jamais excéder le prix de la vente , ils pourront être payés immédiatement après l'adjudication. Ce qui restera du prix après leur paiement sera seul l'objet d'une répartition , par voie de contribution , entre les créanciers chirographaires.

Quels que soient les avantages du système proposé, il nous a paru impossible de le rendre immédiatement applicable à tous les immeubles.

Les auteurs des systèmes hypothécaires de l'an iii et de l'an vii commirent la faute d'exiger que toutes les formalités qu'ils avaient prescrites fussent remplies dans un certain délai.

Malgré les nombreuses prorogations qui furent alors accordées, il y eut un encombrement excessif dans toutes les conservations des hypothèques de France. Tous les ayant-droit s'y précipitèrent en foule pour faire inscrire leurs titres ; il y eut une grande confusion et beaucoup de droits compromis.

Il nous a paru plus convenable de ne déclarer la nouvelle législation applicable qu'à mesure que les citoyens la reconnaîtront préférable à celle qui est maintenant en vigueur. Tous les immeubles resteront sous l'empire de la législation actuelle, tant que les propriétaires ne croiront pas devoir soumettre leurs biens à la législation nouvelle. Ce n'est que lorsqu'ils auront requis la purge et l'immatricule de leur propriété sur les registres du cadastre, qu'elles entreront dans le domaine de la loi nouvelle.

Par ce moyen, les titres nouvellement soumis à l'inscription pourront être présentés sans encombrement dans les conservations des hypothèques, les travaux des conservateurs du cadastre pourront être exécutés successivement à mesure que les propriétaires les requerront. Il eût été impossible de les accomplir dans un délai fixé d'avance.

De la purge des charges du passé.

Avant que les immeubles fussent soumis au nouveau régime hypothécaire, il était nécessaire de les purger des charges du passé.

Les art. 16 et suivans du projet prescrivent un mode de purge qui n'est autre que celui qui a été tracé par le Code civil pour la purge des hypothèques légales non inscrites ou inconnues. Il en diffère seulement en ce que la purge autorisée par le Code civil ne peut s'opérer *qu'après une vente*, tandis que, suivant le projet, un propriétaire peut, *avant de vendre,* purger sa propriété de toutes charges non inscrites. Il lui suffit de remplir les formalités qui ont été tracées dans les articles précités, pour forcer tous ceux qui ont des droits à exercer contre lui à les rendre publics, par la voie de l'inscription, dans un délai déterminé, à peine de déchéance.

Pour que la purge autorisée par le projet fût réellement efficace, il était nécessaire qu'elle eût pour résultat de fixer d'une manière positive les limites des parcelles soumises à la législation nouvelle.

Pour obtenir ce résultat, l'art. 19 oblige le notaire chargé d'opérer la purge d'un immeuble de faire connaître aux propriétaires limitrophes de cet immeuble les bornes qui lui ont été assignées par le conservateur du cadastre, pour que ces propriétaires puissent être mis en demeure de contester ces bornes, s'ils le jugent convenable.

Maintenant on est dans l'obligation d'établir indéfiniment l'origine des propriétés dans les actes. Cet inconvénient disparaît par la combinaison des articles 19, 22 et 23.

L'article 19 dispense le notaire qui requiert la purge d'établir au-delà de vingt ans l'origine des propriétés qu'il s'agit de purger ;

Et d'un autre côté, les articles 22 et 23 obligent tous les ayant-droit à faire inscrire leurs titres contre l'un des tiers détenteurs acquéreurs depuis moins de 20 ans des biens qui leur sont affectés.

Par ce moyen, en consultant les registres des hypothèques sous le nom de l'un de ces acquéreurs, on connaîtra toutes les charges qui grèveront un immeuble immatriculé au cadastre.

Les biens vendus par l'État étant libres de tous privilèges, hypothèques et droits réels du passé, il a paru inutile de les soumettre aux formalités de la purge, avant que de les placer sous l'empire de la nouvelle législation.

Aux termes de l'article 34 du projet, ces biens sont réputés purgés de tous privilèges et droits du passé. Ils peuvent, lors de la vente qui en est faite aux particuliers, être immatriculés au cadastre, sur la seule demande des adjudicataires.

Dispositions diverses.

Pour faciliter aux conservateurs du cadastre l'exécution des mutations sur les plans et sur les autres pièces cadastrales, et

pour assurer d'autant plus la spécialité des hypothèques et l'i-
dentité des parcelles, il a paru nécessaire d'obliger les officiers
publics qui recevront des actes relatifs à des parcelles immatriculées à énoncer les numéros de ces parcelles, et, dans le cas où
un acte donnera lieu à des divisions de parcelles, à désigner
d'une manière précise les points de passage des lignes de division. Cette dernière disposition facilitera les opérations des géo-
mètres sur le terrain.

Les actes sous seing privé qui contiennent des stipulations relatives à des immeubles intéressent presque toujours un grand
nombre d'individus ; il importe que ces actes ne puissent être
supprimés par la volonté d'un seul.

La loi de l'an III avait obvié à cet inconvénient dans son article 99, en déclarant nulle toute mutation de propriété immobilière effectuée par acte sous seing privé.

Le projet atteint le même but, sans priver les citoyens de la
faculté de faire des actes sous seing privé en matière réelle. Il
porte, article 36, que les actes sous seing privé qui contiendront
des stipulations relatives à des immeubles immatriculés, n'auront
d'effet qu'entre les parties contractantes, même lorsqu'ils auront
une date certaine *par le décès de l'un des signataires*.

Au moyen de cette disposition, les actes sous seing privé
conserveront l'autorité qu'ils doivent avoir entre les parties contractantes. On pourra réaliser de suite une vente sans avoir recours à un notaire ; mais cette vente ne commencera à avoir
effet, à l'égard des tiers, que du moment où la minute en aura
été déposée chez un notaire (art. 36) et inscrite à la conservation
des hypothèques (art. 66).

On ne change que le principe qui permet d'opposer aux tiers
un acte sous seing privé dont un signataire est décédé. Cette circonstance du décès d'un signataire ne peut suffire dans un système où les actes ne seront réputés connus de ceux à qui on
les opposera, que lorsqu'ils auront été inscrits à la conservation
des hypothèques.

Nous n'avons pas hésité à rendre les notaires responsables de la validité des mutations ou affectations auxquelles ils concourront (art. 39 et 40); car c'est ce qui a lieu maintenant à l'égard des rentes sur l'État: lorsqu'un notaire a délivré un certificat de propriété d'une rente sur l'État, le transfert fait en vertu de ce certificat est valable, quand même le notaire aurait commis une erreur; les intéressés auxquels ce transfert peut porter préjudice n'ont d'action que contre lui.

Pour que les notaires puissent plus facilement connaître la capacité des contractans, le projet prescrit la publicité de déclaration de déconfiture dans la même forme que celle des déclarations de faillite.

Le projet eût manqué l'un de ses buts principaux, s'il n'eût indiqué les moyens de rendre à la circulation une quantité considérable de biens qui sont maintenant inaliénables et comme inféodés dans certaines familles. Il permet l'aliénation des biens substitués et des biens constitués en majorats; il laisse les époux mariés sous le régime dotal libres de vendre leurs biens dotaux, en observant des formes indiquées, mais à la charge d'en employer le prix en acquisition de nouvelles rentes sur l'État qui seront déclarées dotales, et comme telles inaliénables.

Les époux seront alors placés dans cette alternative : ou de n'avoir qu'un très-faible revenu en gardant l'immeuble dotal, ou de se faire un revenu plus considérable en vendant cet immeuble.

Il n'y a aucun inconvénient à ce que des rentes sur l'État soient frappées d'inaliénabilité; il y en a beaucoup à ce que des fonds de terre ne puissent changer de main. Ce *statu quo* est essentiellement contraire aux principes de la production.

Le Code civil dispense certains créanciers de la formalité de l'inscription, et leur confère cependant le droit d'être payés même avant des créanciers d'hypothèque conventionnelle. Ce sont les créanciers des frais funéraires, des frais de dernière maladie, des fournitures de substance, etc. Ces créances réunies forment quelquefois des sommes assez considérables : il en résulte que les créanciers d'hypothèques conventionnelles inscrites sur des immeubles qui ne sont pas d'une grande valeur sont souvent exposés à perdre une partie de ce qui leur est dû, et cela par suite d'une priorité accordée à des créanciers dont les droits sont toujours *indéterminés*.

Dans un système qui n'admet que des charges *déterminées*, toujours soumises à la formalité de l'inscription, il nous a paru que les créances dont il s'agit ne devaient être payées par préférence aux hypothèques conventionnelles, qu'autant qu'elles seraient inscrites avant elles; car si les immeubles des débiteurs eussent été vendus, ils eussent passé à l'acquéreur libres de ces priviléges, si on ne les eût pas inscrits. S'ils n'ont été qu'hypothéqués par voie d'affectation hypothécaire, l'aliénation partielle doit être aussi définitive que l'aliénation totale : l'hypothèque doit conférer un droit aussi certain que la vente.

Ce n'est qu'à l'égard des créanciers chirographaires que les créanciers privilégiés non inscrits peuvent justement exercer leur privilége.

Les frais faits pour parvenir à la vente forcée et à la distribution du prix de l'immeuble sont les seuls qui, quoique non inscrits, doivent être payés avant les hypothèques conventionnelles : c'est ce que décide le projet dans son article 45.

Si l'on réfléchit bien à cette solution, on reconnaîtra que les conséquences en sont conformes à la justice.

Dans le système du projet, comme il n'y aura plus que des hypothèques conventionnelles, on peut être certain que le montant des hypothèques qui grèveront un immeuble sera toujours inférieur à sa valeur. C'est sur ce qui restera après le paiement de ces hypothèques que seront payés les créanciers privilégiés dont nous venons de parler.

Ce reliquat, qui doit toujours être *indéterminé*, se présente assez naturellement comme la garantie des créances privilégiées, qui sont aussi toujours *indéterminées*. Admettre que ces créances pourraient être payées avant les hypothèques conventionnelles, ce serait faire planer de nouveau sur ces hypothèques toute l'incertitude que le projet a pour but de faire disparaître. Pour que l'on ait foi dans les hypothèques conventionnelles, il ne faut pas qu'elles puissent *dans un seul cas* être primées par des droits inconnus ou indéterminés.

Il a paru inutile de maintenir sur les immeubles immatriculés le privilége établi par le Code civil entre co-héritiers pour la garantie des partages faits entre eux. Ce privilége suppose le cas où un héritier serait dépossédé après partage, en vertu d'un droit antérieur à l'ouverture de la succession, et qui aurait été ignoré par les héritiers ; mais comme les immeubles immatriculés ne peuvent être grevés par des droits inconnus, le privilége dont il s'agit est sans objet à l'égard de ces immeubles. C'est pourquoi l'article 46 du projet en prononce l'abolition.

Des droits réels soumis à la formalité de l'inscription.

Sans apporter de limites au principe général de la publicité des charges admis par le projet, il était utile de désigner d'une manière spéciale les actes qui devront être soumis à l'inscription.

En parcourant la nomenclature de ces actes dans l'article 47, on se convaincra combien il était important d'en prescrire la publicité.

Du mode de l'inscription.

Le projet n'astreint pas les inscriptions à une rédaction spéciale ; il suffit qu'elles énoncent sommairement les dispositions qui ne sont pas de droit commun, et qu'on est dans l'intention d'opposer aux tiers.

Des obligations imposées aux officiers publics pour assurer l'exécution de la formalité de l'inscription.

Les officiers publics sont chargés, sous leur responsabilité, de faire inscrire les actes qu'ils ont reçus (art. 53).

Le projet eût manqué son but, s'il eût laissé les parties libres de publier ou de tenir secret tel ou tel acte selon leurs intérêts.

On a pensé que les officiers qui avaient reçu des actes seraient, plus que tous autres, capables de les réduire à ce qu'ils avaient de substantiel pour en requérir l'inscription. On ne doit charger les simples particuliers de remplir des formalités, que lorsqu'on est dans l'impossibilité de les prescrire à des officiers publics.

Les droits des citoyens doivent se conserver d'eux-mêmes : la loi doit veiller pour eux.

De l'effet des inscriptions.

Les inscriptions n'ont de rang que du jour de leur date. Cependant, il a paru nécessaire de poser une exception à ce principe pour les droits d'hérédité. L'article 56 du projet leur donne effet, à dater du jour du décès de l'auteur, lorsqu'ils ont été inscrits dans les six mois de ce décès ; et passé ce délai, les aliénations consenties par les héritiers inscrits sont valables.

Cette dernière disposition a pour but de mettre fin aux contestations auxquelles ont souvent donné lieu des actes consentis par des héritiers putatifs de bonne foi.

Plusieurs motifs nous ont déterminés à supprimer la formalité du renouvellement des inscriptions.

Maintenant, tous les dix ans, les créanciers inscrits sont exposés à voir leurs intérêts compromis par un simple oubli d'inscription ; les registres des conservateurs sont surchargés d'héritiers qui font double emploi ; la nécessité où sont les conservateurs de parcourir tous les volumes où se trouve un grand nombre d'inscriptions primitives et renouvelées augmente les chances d'erreur.

Il n'était pas moins important de décharger les créanciers inscrits de l'obligation où ils sont maintenant d'intenter tous les dix ans une action en déclaration d'hypothèque contre les tiers détenteurs des immeubles affectés à leurs droits.

Les hypothèques étant publiques, et toujours transférées sous le nom des acquéreurs lors de chaque mutation, il n'est pas juste que ces derniers les prescrivent par un tems plus court que le débiteur de ces hypothèques, auquel ils sont substitués, et dont ils ont connu les charges.

Les articles 59 et suivans contiennent des dispositions qui se justifient d'elles-mêmes.

Du stellionat.

Nous proposons de considérer comme stellionataire celui qui, étant incapable de contracter, cèle à un officier public la circonstance qui constitue son incapacité, et celui qui, par fraude et dans le dessein de nuire, diminue par son fait la valeur d'un immeuble affecté à des droits réels.

La peine dans ces cas de stellionat serait celle que prononce l'article 405 du Code pénal contre l'escroquerie.

L'opinion publique considère le stellionat comme un délit; il faut sanctionner la réprobation qu'elle attache à ce fait par une peine correctionnelle.

De l'aliénation volontaire des immeubles immatriculés au cadastre.

A l'avenir, lorsque des immeubles immatriculés ne seront grevés que par des hypothèques conventionnelles qui n'excéderont pas leur valeur, la forme des ventes volontaires de ces biens sera bien simple.

Le notaire qui aura reçu un contrat de vente en requérera l'inscription au bureau des hypothèques, et l'immatricule à la conservation du cadastre. Si le prix est payable comptant, l'acquéreur se libérera entre les mains des créanciers inscrits, sans qu'il y ait lieu à ordre. Si le prix est payable à terme, le notaire requérera le conservateur des hypothèques de transférer sous le nom de l'acquéreur les inscriptions qui grevaient le vendeur, et l'acquisition sera consommée sans qu'il soit necessaire de faire aucune notification aux créanciers inscrits, ou de remplir aucune formalité de purge.

Pendant quelque tems encore, lors des mutations qui suivront immédiatement les premières immatricules au cadastre, il y aura encore lieu à faire des notifications aux créanciers inscrits, à procéder à des surenchères et à des ordres ; mais, lors des mutations subséquentes, toutes ces formalités seront devenues inutiles.

Il ne pourra y avoir lieu à notification de contrats, à surenchère et à ordre, lorsque les sommes dues aux créanciers inscrits n'excèderont pas la valeur des biens affectés.

Les art. 64 et suivans du projet indiquent les formes à suivre pour réaliser les ventes volontaires d'un immeuble immatriculé :

1o Dans le cas où il n'existe aucune inscription sur un immeuble vendu, ou lorsque le montant des inscriptions n'excède pas le prix stipulé dans l'acte de vente ;

2o Lorsque le montant des inscriptions est supérieur au prix de la vente ;

5o Lorsqu'il y a lieu à des réunions ou à des divisions de parcelles sur les plans et sur les autres pièces cadastrales.

Des mutations par suite de décès.

La forme à suivre dans ce cas est tracée dans l'art. 92.

De la vente forcée des immeubles immatriculés.

Nous avons proposé des formes extrêmement simples pour la vente forcée des immeubles immatriculés.

Aux termes du projet, un notaire désigné par le tribunal doit procéder d'abord à une vente amiable.

Cette vente est ensuite publiée et notifiée à ceux qui peuvent avoir intérêt à la surenchérir, et les surenchères sont admises dans le délai d'un mois, sur soumissions cachetées.

Les ventes amiables des immeubles immatriculés seront telle-ment faciles à réaliser, qu'il est probable que les propriétaires préféreront plutôt vendre eux-mêmes leurs propriétés que de se laisser exproprier. Il est dès lors à présumer qu'il y aura très-peu de ventes forcées de ces biens.

Les art. 101 et suivans traitent des matières ci-après :

De la Surenchère.

De l'Ordre ;

Des Certificats à délivrer par les conservateurs des hypothèques et par les conservateurs du cadastre;

Des Salaires des conservateurs ;

De la Responsabilité des officiers publics à l'égard des formalités prescrites par le projet.

Il serait superflu d'entrer dans de longs détails sur ces diverses matières, qui sont purement réglementaires. La seule lecture du texte du projet fera apprécier les solutions proposées.

Avantages du projet.

Lorsque les valeurs qui composent l'actif d'un État sont sus-ceptibles d'être facilement échangées, les transactions se multi-plient, et les richesses de tous peuvent recevoir un grand déve-loppement.

Lorsque les biens immeubles pourront être plus facilement transmis, ils iront naturellement dans les mains de ceux qui pourront en tirer le meilleur parti.

La prospérité du pays s'est accrue à mesure que les biens im-meubles ont été de plus en plus débarrassés des obstacles qui s'opposaient à leur facile transmission. Depuis la suppression des corporations de main-morte et des substitutions, l'agricul-ture et l'industrie ont fait des progrès immenses.

Du tems des mains-mortes et des substitutions, le sol n'était cultivé que par des serfs ou des fermiers, et presque jamais par les propriétaires eux-mêmes. Depuis l'abolition des corporations de main-morte et des substitutions, les serfs et les fermiers ont pu devenir propriétaires, et féconder dans leur intérêt, avec l'esprit de propriété, *animo domini*, un sol qu'ils ne cultivaient avant que pour leurs maîtres.

A la grande propriété féodale a succédé la petite propriété libre, mais morcelée à l'extrême. Le sol, morcelé même à l'extrême, a été plus fertile sous la main des petits propriétaires qui l'ont cultivé eux-mêmes, que la grande propriété féodale cultivée par des serfs et des fermiers.

A la petite propriété, cultivée par des propriétaires isolés, doit maintenant succéder la grande propriété exploitée par de grandes compagnies industrielles, mettant en usage les procédés nouveaux inventés par les sciences pour la culture en grand.

La constitution de grandes fermes industrielles sera très-facile sous la nouvelle législation ; car les immeubles, pouvant facilement changer de mains, tendront à se réunir dans les mains de compagnies qui auront trouvé les meilleurs procédés d'exploitation. Les molécules libres tendent à se réunir.

Par suite du mouvement que la loi nouvelle imprimera aux travaux agricoles, les propriétés foncières augmenteront de valeur.

Si les rentes sur l'État, qui n'ont pas de bases matérielles, sont cependant parvenues à un prix si élevé dans plusieurs circonstances, c'est parce qu'elles sont faciles à réaliser.

Le sol ne pouvant périr, combien son prix n'augmentera-t-il pas lorsqu'il pourra être réalisé presque aussi facilement que les rentes, et nous avons démontré combien toutes les transactions relatives aux immeubles pourraient être promptes et faciles, lorsque les immeubles ne seraient grevés que par des hypothèques conventionnelles dont le montant n'excéderait presque jamais la valeur des biens affectés! Les propriétaires qui ne vendront pas verront également augmenter entre leurs mains le prix capital de leurs biens, par le seul mouvement qui sera imprimé aux propriétés voisines. Si ces propriétaires sont grevés d'hypothèques, comme le chiffre de ces hypothèques restera le même, tandis que le prix de leur fonds augmentera, leur position s'améliorera, leur liquidation sera rendue plus facile.

La législation nouvelle influerait surtout d'une manière notable sur le prix de ce qui reste à vendre des 300,000 hectares de bois de l'État, dont l'aliénation a été ordonnée dans la session de 1830.

Combien ne serait-il pas agréable pour les adjudicataires de ces bois d'avoir des titres de propriété presque aussi faciles à transmettre que des rentes sur l'état, et qui ne pourraient être grevés par aucune hypothèque légale ou judiciaire !

Les prêts sur immeubles ne donnant lieu à aucuns frais et ne devant presque jamais se résoudre en des expropriations ou des ordres, ils pourront être faits presque jusqu'à concurrence de la valeur intégrale des biens qui seront donnés en garantie.

Ces sortes de prêts présenteront tant de garantie qu'il y aura une grande concurrence entre les capitalistes pour jouir de ce mode d'emploi. Cette concurrence mettra les emprunteurs à même de stipuler en leur faveur des conditions bien différentes de celles qui leur sont actuellement imposées.

Maintenant, comme il n'y a en circulation que très-peu de valeurs facilement réalisables, le moindre événement peut faire resserrer les capitaux, et paralyser toutes les relations industrielles ; mais lorsque la valeur immense du sol pourra être facilement l'objet de toute espèce de transactions, les circonstances les plus graves n'influeront que d'une manière peu sensible sur le mouvement des affaires.

Qu'on se figure l'impulsion que pourra imprimer à toutes les relations d'industrie, d'agriculture et de commerce, la circulation plus facile d'une valeur qui, sans exagération, peut être estimée à plus de cinquante milliards.

La nouvelle législation donnera naissance à une multitude de combinaisons financières qu'il est impossible de prévoir.

Maintenant, le sol, enlacé dans mille entraves diverses, ne

peut faire la base d'aucune institution de crédit. Les tentatives faites jusqu'à ce jour dans ce but ont toutes échoué devant la difficulté toujours renaissante de réaliser dans un tems donné les immeubles sur lesquels on a voulu opérer.

Les formes d'expropriation et d'ordre tracées dans le projet sont si promptes et si simples, que le prix des biens immeubles sera toujours facile à réaliser ; et d'ailleurs le projet est combiné de telle manière, que les créanciers hypothécaires seront presque toujours payés sans avoir besoin de recourir à l'expropriation ou à l'ordre.

D'un autre côté, le projet offre de grands avantages au trésor public.

Il ordonne, dans des cas déterminés, l'emploi en acquisition de nouvelles rentes des prix d'immeubles appartenant à des femmes mariées sous le régime dotal, de tous les deniers pupillaires et dotaux, et de tous les prix consignés.

Cette mesure secondera puissamment le crédit public ; car les rentes sur l'État offriront d'autant plus de garantie que le trésor aura toujours à sa disposition une grande quantité de capitaux.

Comme ces capitaux auront pu être employés en acquisition de nouvelles rentes, on aura d'autant moins recours aux capitalistes pour les emprunts publics qu'on sera dans la nécessité de contracter ; car ces emprunts seront en majeure partie couverts par les deniers pupillaires et dotaux et par les prix d'immeubles consignés.

Enfin les rentes sur l'État suivront la progression ascendante de la valeur capitale des immeubles, et l'opération de la réduction de l'intérêt de la dette publique deviendra dès lors très-facile à réaliser.

Ainsi le projet sera tout à la fois favorable aux propriétaires fonciers et à l'État, à l'agriculture et à l'industrie.

Telle doit être la condition de toute amélioration vraiment praticable.

Toute mesure qui exige le sacrifice des intérêts d'une classe quelconque de la société est par cela seul mauvaise.

Les bonnes mesures, ce sont celles qui doivent être favorables à tous les intérêts.

Ce sont les mesures de cette dernière nature que les Chambres s'empresseront sans doute de faire passer dans les faits toutes les fois que leur utilité sera démontrée ; car il ne suffit pas qu'une disposition législative favorise toutes les classes de la société, il faut encore que les diverses classes auxquelles elle doit profiter aient conscience des avantages qu'elles doivent en retirer.

Le projet respecte ce principe, en laissant les citoyens libres de maintenir leurs biens sous l'empire du système hypothécaire actuel, ou de les soumettre à la législation nouvelle.

Tout ce qui sera fait en vertu de la loi nouvelle aura donc été fait conformément à l'intérêt bien entendu des propriétaires fonciers qui se seront soumis à cette loi.

Dans ce moment, l'Angleterre s'occupe aussi de la réforme de son code hypothécaire ; la chambre des communes a adopté un projet qui prescrit la publicité de toutes les charges réelles ; mais la chambre des lords l'a ajourné à une autre session.

Depuis l'an III, nous avons donné à l'Europe un exemple de la loyauté et de la franchise qui distinguent le peuple français, en pratiquant une législation qui ordonne d'inscrire sous le nom de chaque propriétaire toutes les obligations qui constituent son passif.

Pendant que l'Angleterre ose à peine envisager le système de publicité sous lequel nous vivons depuis quarante ans, il nous appartient de mettre la dernière main à ce système pour montrer que, quand nous avons une fois posé un principe, nous ne craignons pas d'en déduire toutes les conséquences.

PROJET DE LOI SUR LE RÉGIME HYPOTHÉCAIRE. (*)

Art. 1.—Les propriétés immobilières peuvent, sur la demande des intéressés, être immatriculées sur les registres du cadastre dans la forme prescrite par la présente loi.

2.—Les immeubles immatriculés sur les registres du cadastre ne peuvent être affectés qu'à des hypothèques conventionnelles ou à des droits réels déterminés par des conventions spéciales.

Ils ne peuvent être affectés au paiement de sommes indéterminées.

3.—Les droits des mineurs et des femmes mariées seront à l'avenir garantis par la disposition contenue dans les articles 7 et suivans de la présente loi.

4.—Tous les immeubles sans distinction subissent une augmentation de 46 centimes par franc du principal de la contribution foncière à laquelle ils sont maintenant imposés.

Les ventes, baux et tous actes entre-vifs relatifs à des immeubles, sont exempts de tous droits d'enregistrement.

5. — Des conservateurs spéciaux du cadastre sont chargés d'immatriculer sur les registres du cadastre les immeubles qui ont été purgés des priviléges, hypothèques et droits réels du passé, et de constater les mutations de ces immeubles.

6.—Les immeubles non purgés d'après les règles prescrites par la présente loi, et non immatriculés sur les registres du cadastre, continueront d'être soumis au régime hypothécaire actuel.

De la garantie des droits des mineurs et des femmes mariées.

7. — Les débiteurs de deniers pupillaires ou de deniers dotaux ne peuvent valablement se libérer qu'en consignant les sommes par eux dues à la caisse des dépôts et consignations.

8. — Les tuteurs et les maris se bornent à faire les diligences nécessaires pour provoquer le paiement des créances dues à leurs mineurs ou à leurs épouses.

9. — Le mari non marié sous le régime dotal peut toucher les sommes appartenant à sa femme, avec son consentement (1);

A défaut de son consentement, ces sommes sont consignées.

(*) Les parties de ce projet qui sont imprimées en *italiques* sont la reproduction textuelle des lois déjà existantes.

(1) Modification de l'art. 2428 du Code civil.

10. — Chaque année, les conseils de famille fixent les sommes que les tuteurs et les maris ont droit de toucher sur celles déposées, pour faire face aux frais de leur tutelle ou de leur ménage (2).

Le surplus des sommes déposées est employé de la manière qui est déterminée par les conseils de famille.

11. — A défaut d'emploi dans l'année du dépôt, le ministre des finances peut convertir lesdites sommes en rente trois ou cinq pour cent, au cours du jour.

12. — Ces inscriptions font chaque année l'objet d'une nouvelle création de rentes, qui diminue d'autant le montant des emprunts que l'Etat peut être dans le cas d'effectuer.

13. — Les sommes consignées et non employées produisent un intérêt de quatre pour cent.

Cette fixation d'intérêt peut être modifiée chaque année par la loi de finance.

14. — Les femmes mariées ne peuvent contracter d'obligations, même mobilières, dans l'intérêt de leurs maris ou conjointement avec leurs maris, que par des actes devant notaires (3).

Après la dissolution du mariage, ces obligations ne pourront s'exécuter ni sur les fonds ni sur les revenus des biens soumis au régime dotal (3).

15. — Les obligations sous seing privé souscrites par des femmes mariées antérieurement à la présente loi seront, à peine de nullité, enregistrées dans le délai de six mois. Le droit d'enregistrement ne pourra excéder dix francs, quelle que soit la somme énoncée dans chaque obligation.

Du mode de purger les immeubles de tous priviléges, hypothèques ou droits réels du passé, et de leur immatricule sur les registres du cadastre.

16. — Le propriétaire qui veut purger son immeuble de tous priviléges, hypothèques ou droits réels du passé, procède ainsi qu'il suit :

17. — Il fait placer des bornes aux limites actuelles des parcelles qu'il est dans l'intention de purger, et il requiert le conservateur du cadastre du lieu de la situation d'en dresser procès-verbal ;

18. — Il fait devant un notaire de son choix la déclaration de l'in-

---

(2) Extension de l'art. 455 du Code civil.
(3) Modification de l'art. 1431 du Code civil.

tention où il est d'opérer la purge de sa propriété, et il dépose à l'appui de cette déclaration,

1" Son acte de naissance,

2° Ses titres de propriété remontant à plus de vingt ans, et les baux authentiques ou sous seing privé relatifs aux parcelles dont il s'agit,

3° Le procès-verbal dressé en vertu de l'article qui précède.

19. — *Extrait* de ladite déclaration *contenant sa date, les noms, prénoms, profession et domicile* du propriétaire qui requiert la purge, et des précédens propriétaires dont les titres remontent à plus de vingt ans; *la désignation de la nature et de la situation des biens; le prix et les autres charges* du dernier contrat, est inscrit au bureau des hypothèques, *signifié tant au subrogé tuteur ou à la femme*, s'ils sont connus, *qu'au procureur du roi près le tribunal* civil du lieu de la situation des biens, *affiché dans l'auditoire* dudit *tribunal*, et inséré dans l'un des journaux du département (4).

Cet extrait est en outre notifié aux propriétaires limitrophes des parcelles qu'il s'agit de purger.

20. — *Dans les deux mois* des inscription, significations, affiches et insertion prescrites par l'article précédent, sont tenus de s'inscrire au bureau des hypothèques du lieu de la situation, à peine de déchéance :

1° Les créanciers porteurs de titres qui confèrent encore des hypothèques conventionnelles ou judiciaires;

2° Les créanciers auxquels la loi confère des priviléges, hypothèques légales ou droits réels actuellement dispensés de l'inscription, et qui n'ont pas été déchus de leurs droits par suite de purges exécutées en vertu des articles 2193 et suivans du code civil (5).

3° Toute personne, ayant droit à un titre quelconque, à la jouissance, pendant plus de deux ans, des parcelles qu'il s'agit de purger;

4° Les propriétaires limitrophes de ces parcelles ayant à élever des réclamations contre les limites que le conservateur du cadastre leur a attribuées dans son procès-verbal de bornage.

21. — Les divers droits soumis à la formalité de l'inscription par l'article précédent sont inscrits sous le nom de ceux qui ont consenti ces droits.

22.—Si ces derniers ont cessé, depuis plus de vingt ans, d'être pro-

---

(4) Imitation de l'art. 2194 du Code civil, et de l'avis du Conseil d'État du 1er juin 1807.

(5) Imitation des art. 2186, 2195 du Code civil, et 1834 du Code de procédure.

priétaires des immeubles qui y sont soumis, l'inscription est prise contre l'un des tiers détenteurs, acquéreur depuis moins de vingt ans.

23. — A l'égard des droits déjà inscrits sous le nom d'individus qui ont cessé, depuis plus de vingt ans, d'être propriétaires des immeubles soumis à ces droits, ils sont inscrits de nouveau contre l'un des tiers détenteurs acquéreur depuis moins de vingt ans.

24. —Dans tous les cas où des inscriptions sont ordonnées par les articles précédens, dans l'intérêt de femmes ou de mineurs, elles doivent être prises par les maris, tuteurs ou subrogés tuteurs, *sous peine de dommages-intérêts*, à l'égard des parties lésées par le défaut d'inscription (6).

25. —Ces inscriptions peuvent être requises par le procureur du roi *du domicile* des parties intéressées, ou par celui *du lieu de la situation*; par les parens ou amis, soit du mineur, soit de la femme, ou par la femme et les mineurs eux-mêmes (7).

26. —Dans le cas de l'article qui précède, l'avance des frais d'inscription n'est point faite par l'inscrivant; le conservateur n'a de *recours que contre le débiteur* (8).

27. —S'il survient des difficultés sur les limites d'une ou de plusieurs parcelles, le conservateur du cadastre dresse procès-verbal de ces difficultés à la requête de la partie la plus diligente; il donne son avis sur les limites qu'il estime devoir être assignées, et il est statué sur le tout par le tribunal civil de la situation.

28. —Après l'expiration de deux mois, conformément à l'article 20, et lorsque les limites des parcelles sont définitivement fixées, le notaire qui a fait procéder à la purge requiert le conservateur du cadastre d'*immatriculer* définitivement lesdites parcelles sur les registres du cadastre au nom de celui auquel elles appartiennent.

29. — Le conservateur du cadastre délivre autant de titres de propriété qu'il existe de parcelles purgées.

30. — Chaque titre présente la figure géométrique de la parcelle à laquelle il est relatif, avec indication du numéro, de la nature, de la contenance du lieu dit, et des abornemens de cette parcelle.

31. — Si la parcelle dépend d'une commune déjà cadastrée, le titre indique en outre le revenu, la classe et le montant de la cote d'impôt de cette parcelle.

---

(6) Imitation des art. 2136 et 2137 du Code civil.

(7) Imitation des art. 2138 et 2139 du même Code.

(8) Imitation de l'art. 2155 du même Code.

32. — Tout créancier porteur d'un titre authentique peut requérir la purge des immeubles appartenant à son débiteur et leur immatricule sur les registres du cadastre.

33. — Les héritiers qui veulent opérer la purge des immeubles dépendant de la succession de leur auteur, avant la liquidation de leurs droits, doivent agir collectivement par une seule réquisition.

Dans ce cas, les héritiers qui ne se sont pas réunis aux requérans doivent s'inscrire dans le délai prescrit par l'article 20 pour conserver leurs droits d'héritiers.

34. — Les biens appartenant à l'État sont réputés purgés de tous privilèges et droits réels du passé.

Ils peuvent, lors de la vente qui en est faite aux particuliers, être immatriculés au cadastre sur la seule demande des adjudicataires, sans qu'il soit nécessaire d'exécuter aucune des formalités prescrites par les articles précédens.

Dispositions diverses relatives aux immeubles immatriculés sur les registres du cadastre.

35. — Tous les actes publics doivent énoncer les noms, prénoms, lieux de naissance, professions et domiciles des contractans.

Les actes, extraits ou bordereaux d'actes relatifs à des immeubles immatriculés, contiennent en outre l'indication du numéro, de la nature, de la contenance et de la situation de chaque parcelle.

Si un acte doit donner lieu à des divisions de parcelles, il contient en outre la désignation précise des points de passage des lignes des divisions à opérer.

36. — Les actes sous seing privé qui contiennent des stipulations relatives à des immeubles immatriculés n'ont d'effet qu'entre les parties contractantes, même lorsqu'ils ont une date certaine par le décès de l'un des signataires (9).

Ils ne peuvent être présentés à l'enregistrement qu'après avoir été déposés devant un notaire. Dans ce cas, il est suppléé dans l'acte de dépôt aux indications exigées par la présente loi, qui ne se trouvent pas dans l'acte sous seing privé.

37. — La partie en retard de réaliser le dépôt d'un acte sous seing privé devant notaire est condamnée à une amende de 1,000 fr., sans préjudice de tous dommages-intérêts envers la partie lésée.

38. — Les dispositions des articles 35 et suivans sont applicables aux baux à ferme ou à loyer excédant deux années.

---

(9) Modification de l'art. 1328 du Code civil.

39. — Les notaires ne peuvent concourir à des actes relatifs à des immeubles immatriculés dont les propriétaires sont déclarés par jugement en état de faillite ou de déconfiture, sous peine de tous dommages-intérêts au profit de qui de droit.

À cet effet, les déclarations de déconfiture sont rendues publiques dans la même forme que les déclarations de faillite.

40. — Ces notaires sont également responsables, vis-à-vis de qui de droit, de tous actes, relatifs à des immeubles immatriculés, auxquels ils pourraient concourir au nom de toutes personnes incapables de contracter.

41. — A l'avenir, il ne pourra être établi ni majorats ni substitutions à aucun degré.

42. — Les biens présentement substitués ou constitués en majorats sont déclarés aliénables par les possesseurs actuels, lorsqu'ils ont été immatriculés sur les registres du cadastre.

43. — Les biens constitués en dot peuvent, après avoir été immatriculés, être aliénés par les propriétaires actuels, à la charge par eux d'en employer le prix en acquisition de nouvelles rentes sur l'état, au cours du jour, lesquelles seront déclarées dotales et comme telles inaliénables.

44. — La vente de ces biens aura lieu en se conformant aux articles 94 à 102 de la présente loi.

45. — Les frais faits pour parvenir à la vente forcée et à la distribution du prix des immeubles immatriculés sont seuls payés avant toutes créances inscrites. Les autres priviléges énoncés dans les articles 2101 et 2104 du Code civil, lorsqu'ils n'ont pas été inscrits avant les hypothèques conventionnelles, n'ont d'effet sur ces immeubles qu'à l'égard des créanciers chirographaires (10).

46. — Le privilége établi entre cohéritiers pour la garantie des partages faits entre eux n'a pas lieu à l'égard des immeubles immatriculés au cadastre (11).

Des divers droits réels qui doivent être inscrits sur les immeubles immatriculés au cadastre.

47. — Sont soumis à la formalité de l'inscription au lieu de la situation des immeubles immatriculés :

---

(10) Modification des art. 2,101 et 2,104 du Code civil.
(11) Modification de l'art. 2,109.

1° Les droits du vendeur ou de ses représentans sur l'immeuble par lui aliéné ;

2° Les contrats constitutifs d'antichrèse ;

3° Les baux à ferme ou à loyer excédant deux années ;

4° Les transports de créances hypothécaires et de tous autres droits réels ;

5° Les actes de concessions de marais à dessécher ;

6° Les hypothèques conventionnelles ;

7° Les marchés pour construction ;

8° Les actes qui établissent des sequestres ;

9° Tous les actes constitutifs de servitude ;

10° Les actes constatant la mise en société d'un immeuble immatriculé au cadastre ;

11° Les actes constitutifs d'usufruit ;

12° Les droits d'hérédité ;

13° Les soultes ou retours de lots ;

14° Généralement tous actes pouvant grever à un titre quelconque la propriété d'un immeuble immatriculé.

Du mode des inscriptions.

48. — Il ne peut être pris d'inscription sur des immeubles immatriculés qu'en vertu d'actes authentiques (12).

49. — Outre les indications exprimées en l'article 35 , les inscriptions énoncent sommairement les dispositions qui ne sont pas de droit commun, que les tiers peuvent avoir intérêt à connaître , et qu'on est dans l'intention de leur opposer; elles contiennent une *élection de domicile* en l'étude d'un notaire *de l'arrondissement* où elles sont prises.

50. — *Les architectes, maçons et autres ouvriers*, qui ont exécuté des constructions ou travaux sur un immeuble immatriculé au cadastre, *conservent* le privilége stipulé à leur profit dans l'article 2103, n° 4 , du Code civil par l'inscription :

1° *Du procès-verbal qui constate l'état des lieux*;

2° *Du procès-verbal de réception des ouvrages* (13).

La seule inscription du marché conserve l'hypothèque qui en résulte, à défaut de l'accomplissement des formalités prescrites pour établir le privilége.

51. — Les transports d'hypothèques ou de droits réels sont inscrits

---

(12) Modification de l'art. 2,148 du Code civil.

(13) Reproduction de l'art. 2,110 du Code civil.

sous le nom du propriétaire qui a consenti l'hypothèque ou le droit cédé, et, dans le cas où l'immeuble a changé de mains, sous le nom du dernier acquéreur.

52. — Le ministre de la justice peut prescrire des modèles pour les bordereaux d'inscriptions et pour les registres sur lesquels ces bordereaux doivent être inscrits; il peut faire des réglemens d'administration publique sur la tenue des bureaux des hypothèques.

Des obligations imposées aux officiers publics pour assurer l'exécution de la formalité de l'inscription.

53. — Les officiers publics qui ont reçu les minutes des actes qui doivent être inscrits transmettent les inscriptions, au bureau du lieu de leur situation, au plus tard dans le mois de la date de ces actes.

Les inscriptions peuvent être prises même avant l'enregistrement des actes à inscrire.

54. -- Il est fait mention sur les minutes, extraits ou expéditions des actes, du lieu où ils ont été inscrits. Les mentions qui sont faites sur les minutes sont visées par le receveur de l'enregistrement sur la représentation des bordereaux inscrits.

55. — Le ministre de la justice peut, par des réglemens d'administration publique, obliger les officiers publics à requérir l'inscription de tous actes reçus par eux, même de ceux non prévus par la présente loi, en exceptant toutefois les actes de dernière volonté.

Les inscriptions ordonnées par ces réglemens peuvent remplacer les publications actuelles de certaines annonces légales, si le ministre de la justice leur attribue cet effet.

De l'effet des inscriptions sur les immeubles immatriculés.

56. — Les inscriptions n'ont de rang que du jour de leur date (14).

Cependant les droits d'hérédité sont conservés à la date du jour du décès de l'auteur, s'ils sont inscrits dans les six mois qui suivent ce décès. Passé ce délai, les aliénations faites par les héritiers inscrits sont valables.

57. — Les inscriptions ne sont pas soumises au renouvellement (15).

58. — Elles ne se prescrivent même à l'égard des tiers que par le tems réglé pour les droits qu'elles ont pour objet de conserver (16).

---

(14) Imitation de l'art. 2,154 du Code civil.

(15) Disposition contraire à l'art. 2,154 du Code civil.

(16) Idem 2,180 du même Code.

59. — Les créanciers d'hypothèques grevant plusieurs immeubles ont droit d'être payés de la totalité de ce qui leur est dû sur chacun de ces immeubles ; mais, à l'égard des créanciers postérieurs, le montant de l'hypothèque qui les prime se répartit entre les divers immeubles affectés à la même créance, au marc le franc de la contribution foncière, ou d'après une expertise ordonnée par le tribunal.

60. — En cas d'incendie, l'hypothèque ou le privilége se convertit en un droit de même nature sur la somme représentant l'immeuble assuré.

61. — Tout créancier d'un droit réel peut s'opposer à tout fait de l'homme tendant à diminuer la valeur de l'immeuble qui lui est affecté.

Du stellionat à l'égard des immeubles immatriculés.

62. — Il y a stellionat à l'égard de ces immeubles lorsqu'un incapable cèle frauduleusement à un officier public la circonstance qui constitue son incapacité, ou lorsque, par fraude ou dans le dessein de nuire, un propriétaire diminue par son fait la valeur d'un immeuble affecté à des droits réels (17).

63. — Dans ces différens cas, le stellionat est puni des peines portées en l'article 405 du Code pénal. Cette peine est prononcée par le tribunal civil saisi de la contestation.

De l'aliénation volontaire des immeubles immatriculés au cadastre.

64. — L'acte de vente est dressé devant un notaire du choix du vendeur ou de l'acquéreur.

65. — Le notaire qui a reçu cet acte en dresse un bordereau dont il requiert l'inscription au bureau des hypothèques du lieu de la situation.

66. — A compter du jour de cette inscription, nulle aliénation ou affectation de l'immeuble qui en est l'objet ne peut être valablement inscrite du chef du vendeur.

67. — S'il n'existe aucune inscription sur l'immeuble vendu, ou si le montant des inscriptions n'est pas supérieur au prix stipulé dans l'acte inscrit, l'immeuble peut être immédiatement immatriculé sur les registres du cadastre au nom de l'acquéreur.

---

(17) Extension de l'art. 2,059 du Code civil.

68. — Le notaire qui requiert l'immatricule remet au conservateur du cadastre un bordereau de la mutation qu'il s'agit d'opérer.

69. — Si l'immatricule doit constater des divisions de parcelles, le bordereau doit être signé par le notaire de chaque partie qui doit prendre part aux divisions à opérer.

70. — Le conservateur du cadastre opère l'immatricule sur le vu de ce bordereau, et il délivre, au nom des nouveaux propriétaires, de nouveaux titres de propriétés conformes aux articles 29 à 31 de la présente loi.

71. — Lorsque les parcelles qui font l'objet de la mutation n'ont pas changé de figures, si les titres du dernier propriétaire lui sont représentés, le conservateur du cadastre y substitue les noms du nouveau titulaire.

72. — Dans la huitaine de l'immatricule, le notaire qui l'a requise dresse, sous sa responsabilité, un certificat des charges sous lesquelles l'immeuble est acquis au nouveau propriétaire, et il en requiert l'inscription sous le nom de ce dernier.

73. — Il fait radier les inscriptions énoncées dans ce certificat en tant qu'elles ont cessé de frapper le précédent propriétaire.

74. — Dans le même délai, si des parcelles grevées d'inscriptions ont été divisées, il requiert qu'il soit fait mention de cette division au bureau des hypothèques, sous le nom du précédent propriétaire.

75. — Pendant la huitaine accordée pour l'accomplissement des formalités prescrites par les articles 72 à 74, il ne peut être requis aucune inscription sur les immeubles qui en font l'objet, du chef du précédent ou du nouveau propriétaire.

76. — Si, après l'immatricule au cadastre, les créanciers inscrits ne sont pas prêts à recevoir, le prix peut être déposé par le notaire de l'acquéreur à la caisse des consignations.

77. — Les dépôts de ces prix produisent un intérêt de quatre pour cent. Mais à l'expiration de l'année de chaque dépôt, le ministre des finances peut en convertir le montant en inscriptions de rentes trois ou cinq pour cent, en se conformant aux dispositions de l'article 12 de la présente loi.

78. — La fixation de l'intérêt des prix d'immeubles consignés peut être modifiée chaque année dans la loi de finance.

79. — Si le montant des inscriptions existantes sur un immeuble immatriculé est supérieur au prix de la vente qui en a été consentie, le notaire qui a reçu l'acte de vente en requiert l'inscription au bureau des hypothèques, conformément à ce qui est prescrit par les articles 65 et 66.

80.— Il fait notifier aux créanciers inscrits :

1° Un extrait de l'acte de vente contenant, outre les indications exprimées en l'article 35 , la désignation *du prix et des charges faisant partie du prix, ou l'évaluation de la chose si elle a été donnée.*

2° Copie de la mention de l'inscription de la vente.

3° Un état faisant sommmairement connaître à chaque créancier l'ordre dans lequel il est inscrit et les charges qui grèvent l'immeuble (18).

81. — Après cette notification , tout créancier inscrit peut requérir la mise de l'immeuble aux enchères en remplissant les formalités *prescrites par l'article* 2185 *du Code civil* (19).

82.— S'il n'y a pas de surenchère, l'immeuble est immatriculé sous le nom de l'acquéreur dont le contrat a été notifié (20).

83. — Dans ce cas, le notaire qui a fait faire les notifications se conforme aux articles 68 à 77, pour tout ce qui est relatif à l'immatricule et à ses suites.

84. — S'il y a surenchère, on procède ainsi qu'il est prescrit par les articles 107 à 110.

85. — L'acquéreur d'un immeuble non immatriculé sur les registres du cadastre peut faire exécuter en même temps les notifications prescrites par l'article 2083 du Code civil, et les formalités de purge prescrites par les articles 16 et suivans de la présente loi.

86. — Toutes les fois qu'en recevant un acte relatif à un immeuble immatriculé, un notaire trouve deux ou plusieurs parcelles contiguës, immatriculées et appartenant au même propriétaire , qui sont libres de charges hypothécaires ou droits réels, il requiert le conservateur du cadastre d'opérer la réunion de ces parcelles sur les plans et sur les registres du cadastre.

87. — Toutes les fois qu'il y a lieu à constater une division de parcelles sur le terrain, le conservateur du cadastre fait dresser un bulletin constatant la mutation par lui opérée avec désignation précise des points du passage des lignes de division, et des lieux où il a fait planter des bornes.

Ce bulletin est communiqué aux parties intéressées, qui sont admises

---

(18) Imitation de l'art. 2185 du Code civil.

(19) Idem 2185 du même Code.

(20) Idem 2186 du même Code.

à en contester le contenu dans la quinzaine ; passé ce délai, la mutation est opérée définitivement conformément au bulletin non contesté.

88. — La communication prescrite par le précédent article est valablement faite, pour les parties, aux notaires qui, en exécution de l'article 69, ont signé le bordereau de réquisition de l'immatricule des parcelles divisées.

89. — S'il survient des contestations sur le mode de division, on procède comme il est dit à l'article 27.

90.—Lorsqu'un immeuble est libre de toutes charges hypothécaires, le propriétaire peut requérir qu'il en soit fait mention sur son titre par ces mots : *Libre de toutes charges hypothécaires.*

L'effet de cette mention est de faire obstacle à ce que le propriétaire ne puisse, avant de l'avoir fait rayer, consentir sur l'*immeuble libre* aucun droit réel autre que celui de pleine propriété.

91. — *L'immeuble libre* peut être vendu sans autre forme que l'immatricule au cadastre.

Le notaire qui a concouru à la vente d'un immeuble libre requiert, dans le mois, l'inscription de cette vente au bureau des hypothèques de la situation.

Des mutations par suite de décès.

92. — Dans le cas de mutation, par suite de décès, d'un immeuble immatriculé sur les registres du cadastre, la nouvelle immatricule au nom de l'héritier a lieu sur le vu d'un bordereau de propriété dressé par le notaire qui requiert cette immatricule.

Les dispositions contenues dans les articles 68 à 75 et 86 à 89 de la présente loi, relatives à la forme de l'immatricule et à ses suites, sont applicables au cas de mutation, par suite de décès, d'un immeuble immatriculé.

De la vente forcée des immeubles immatriculés.

93. — Tout créancier porteur d'un titre exigible et non contesté peut requérir la vente forcée d'un immeuble immatriculé au cadastre.

94. — Sur la demande qui lui en est faite, le tribunal civil du lieu de la situation commet un notaire, qu'il charge de procéder à la vente dudit immeuble dans un délai déterminé.

95. — A partir du jour de l'inscription de ce jugement au bureau des hypothèques de la situation, il ne peut être pris aucune inscrip-

tion sur l'immeuble mis en vente. Les fruits de cet immeuble appartiennent aux créanciers inscrits (21).

96. — Il est dressé acte provisoire du prix moyennant lequel l'immeuble est d'abord vendu à l'amiable par le notaire commis.

97. — Un mois au moins avant l'adjudication définitive, le notaire commis fait aux créanciers inscrits les notifications prescrites par l'article 79 de la présente loi ; il fait afficher partout où il le juge convenable, et publier dans l'un des journaux du département, un extrait de l'acte de vente provisoire qui a été réalisé devant lui.

98. — Il indique, dans ces notifications affiches et publications, le jour où il sera procédé à l'adjudication définitive des biens mis en vente.

99. — Avant le jour indiqué, toute personne peut faire déposer entre les mains du notaire désigné une soumission cachetée, certifiée par un notaire, contenant promesse de porter l'immeuble à un prix supérieur à celui de la vente provisoire.

100. — Au jour fixé par l'adjudication, il est passé contrat définitif au nom du plus offrant.

101. — Le notaire qui a procédé à l'adjudication se conforme aux dispositions des articles 68 à 77, pour tout ce qui est relatif à l'immatricule de l'immeuble au nom du nouveau propriétaire, au dépôt du prix et aux suites de ce dépôt.

De la surenchère sur vente volontaire ou forcée.

102. — Les créanciers inscrits sur un immeuble immatriculé au cadastre antérieurement à un bail de plus de deux ans, peuvent surenchérir le prix de ce bail, en même tems que l'immeuble lui-même.

103. — Dans ce cas, les enchères portent d'abord sur le prix du bail et ensuite sur le prix de l'immeuble.

104. — Il y a un intervalle d'un mois entre l'adjudication du bail et celle de l'immeuble, sans nouvelles affiches ni publications.

105. — Nul n'est admis à enchérir sur le prix d'un bail avant d'avoir consigné d'avance deux ans de loyer ou fermage.

106. — L'adjudicataire sera, pendant tout le cours du bail, en avance de deux ans de loyer ou fermage.

---

(21) Imitation des art. 688 à 692 du Code de procédure civile.

107. — En cas de surenchère sur aliénation volontaire, le jugement qui admet la surenchère commet un notaire pour recevoir les enchères dans un délai déterminé.

108. — Le notaire commis fait afficher partout où il le juge convenable, et il publie dans l'un des journaux du département un extrait de l'acte de vente sur lequel porte la surenchère.

109. — Il indique dans ces affiches et publications le jour où il sera procédé à l'adjudication définitive des biens mis en vente.

110. — Les enchères, l'adjudication et ses suites sont réglées par les articles 99 à 102 de la présente loi.

De l'ordre.

111. — Si dans le mois de l'immatricule d'un immeuble les créanciers ne se sont pas entendus sur la distribution du prix entre eux, le notaire qui a fait procéder à l'immatricule de l'immeuble dresse un état d'ordre et de distribution provisoire, d'après les titres qui lui ont été produits, il donne son avis sur les difficultés qui se sont élevées devant lui, et il renvoie les parties devant le tribunal civil du lieu de la situation qui statue sur le tout.

112. — En vertu du jugement qui intervient, le même notaire dresse l'état d'ordre définitif, et délivre les bordereaux de collocation aux ayant-droit ; il fait ensuite radier les inscriptions des créanciers qui ne sont pas venus en ordre utile et celles des créanciers qui ont été payés par suite de leur collocation.

Des certificats à délivrer par les conservateurs des hypothèques · et par les conservateurs du cadastre.

113. — Les inscriptions existant aux bureaux des conservateurs des hypothèques sont essentiellement publiques.

114. — Les extraits, états, certificats ou copies, qu'ils sont tenus de délivrer à l'égard des immeubles immatriculés, doivent être conformes aux intentions clairement expliquées par les requérans dans leurs demandes.

115. — En conséquence, les conservateurs des hypothèques ne peuvent refuser, soit des états généraux des inscriptions prises dans leur arrondissement sur un ou plusieurs individus désignés, soit des états d'inscriptions, partiels, supplémentaires ou d'une époque à une autre, soit des copies d'inscriptions spéciales sur un individu ou sur un immeuble désigné.

116. — A défaut de désignation précise par les requérans, les états doivent comprendre toutes les inscriptions grevant les individus sur lesquels ils sont requis.

117. — Les conservateurs du cadastre délivrent également à tout requérant copie ou extrait de tout ce qui est sur leurs plans et sur leurs registres.

Du salaire des conservateurs.

118. — Le salaire des conservateurs des hypothèques pour toute inscription faite sur leur registre est de 1 fr.

119. — Ils ont en outre droit pour chaque reconnaissance des dépôts des bordereaux à 25 c.

120. — Les certificats qu'ils délivrent leur sont payés par rôle à raison de 1 fr.

121. — Chaque extrait d'inscription, ou certificat qu'il n'en existe aucune, est rétribué à raison de 1 fr.

122. — Les conservateurs du cadastre ont droit aux émolumens suivans.

Pour un procès-verbal de bornage, par parcelle, 2 fr.

Pour chaque borne fournie et placée, 1 fr.

Pour chaque borne placée et non fournie, 50 c.

Pour le plan d'une parcelle non cadastrée, ou pour la division d'une parcelle cadastrée, 75 c. par parcelle, et 2 fr. 50 c. par hectare.

Pour l'immatricule d'une parcelle sur les plans du cadastre sans transport sur le terrain, 25 c.

123. — Les copies de procès-verbaux d'expertise qui restent déposés à la conservation du cadastre sont délivrées à raison de 1 fr. 5 c. par rôle.

124. — Une ordonnance royale fixera le prix des plans et copies de plans pour les communes cadastrées, et le prix des titres nouveaux à délivrer aux propriétaires qui requerront l'immatricule de leur immeuble sur les registres du cadastre.

De la responsabilité des officiers publics à l'égard des formalités prescrites par la présente loi.

125. — Tout officier public qui aura omis de remplir l'une des formalités prescrites par la présente loi, sera responsable, vis-à-vis de qui de droit, du défaut d'accomplissement de ladite formalité; il sera en outre passible d'une amende de 200 fr., qui sera perçue à la diligence du receveur de l'enregistrement.

Dispositions générales.

126. — Lorsqu'il s'agira de remplir les formalités relatives à une immatricule et à la première vente qui suivra cette immatricule, au nom d'un propriétaire maintenant imposé à moins de six francs de contribution foncière, les actes et significations relatifs à ces formalités seront exempts de tous droits de timbre, de greffe ou d'expédition ; ils seront enregistrés gratis ;

Il ne sera dû aucun honoraire aux notaires, avoués, greffiers, conservateurs des hypothèques ou du cadastre ;

Les huissiers ne seront taxés que pour leurs frais de déplacement, et seulement comme en matière criminelle ;

Il n'y aura pas lieu à faire des insertions dans les journaux du département, à moins qu'il ne s'agisse d'une vente forcée.

127. — Lorsqu'il s'agira de remplir les formalités indiquées dans l'article précédent au nom d'un propriétaire imposé à plus de 200 fr. de contribution foncière, les droits d'enregistrement, de greffe et d'expédition seront doubles de ceux actuels.

Il en sera de même des émolumens des notaires, avoués, greffiers, conservateurs des hypothèques ou du cadastre et des huissiers.

128. — Il sera fait mention dans les actes et significations dont s'agit dans les articles 125 et 126, du certificat qui sera délivré par le conservateur du cadastre du lieu de la situation, constatant que le propriétaire au nom duquel on agira est imposé à telle somme de contribution foncière.

129. — Les diverses significations ordonnées par la présente loi pourront être faites dans la forme ci-après :

Le notaire chargé de faire opérer une signification, ou la partie elle-même, remet l'original et la copie au directeur de la poste de sa résidence, qui lui en donne un reçu et fait parvenir le tout au lieu de destination.

Le porteur de la signification indique sur l'original et sur la copie si c'est à la partie, ou à l'un de ses parens ou serviteurs trouvé au domicile, indiqué qu'il a remis la copie.

S'il n'y a personne au domicile, il remet à un voisin un bulletin par lequel le destinataire est invité à retirer de la poste une signification qui le concerne. Lorsque celui-ci retire cette signification, il émarge un registre tenu à cet effet.

L'original rempli, comme il est dit ci-dessus, est transmis par la voie de la poste au directeur du lieu de départ, qui le remet au requérant, en échange du reçu dont il est porteur.

130.— Les transmissions de bordereaux à inscrire peuvent s'opérer de la manière prescrite par l'article précédent, sauf toutefois que l'original du bordereau transmis n'est retourné à la personne qui en a requis l'inscription qu'après que le conservateur y a fait mention de l'inscription par lui opérée sur ses registres.

131. — Les significations d'actes et transmissions de bordereaux sont taxées d'un droit fixe de trente centimes pour chaque copie, sans préjudice du droit d'aller et retour qui reste fixé comme pour les lettres ordinaires.

132. — Les dispositions des lois actuelles auxquelles il n'est pas dérogé par la présente continueront de recevoir leur exécution.

Éverat imprimeur, rue du Cadran, N° 16.